DESASTRES NATURALES

que marcaron la historia

Tamara Leigh Hollingsworth

Consultores

Timothy Rasinski, Ph.D.
Kent State University

Lori Oczkus
Consultora de alfabetización

Basado en textos extraídos de
TIME For Kids. *TIME For Kids* y el logotipo
de *TIME For Kids* son marcas registradas
de TIME Inc. Utilizados bajo licencia.

Créditos de publicación

Dona Herweck Rice, *Jefa de redacción*
Conni Medina, *Directora editorial*
Lee Aucoin, *Directora creativa*
Jamey Acosta, *Editora principal*
Heidi Fiedler, *Editora*
Lexa Hoang, *Diseñadora*
Stephanie Reid, *Editora de fotografía*
Rane Anderson, *Autora colaboradora*
Rachelle Cracchiolo, *M.S.Ed.,*
    Editora comercial

Créditos de imágenes: pág. 19: Alamy; pág.
25: Associated Press; pág. 44: The Bridgeman
Art Library; págs. 44–45, 46: Corbis; págs.
28–29: Encyclopædia Britannica, Inc.; págs. 33,
38, 50–51: Getty Images/Science Faction; pág.
54: CDC.gov; págs. 26, 53 (abajo): Library of
Congress; págs. 46–47: Thomas Coex/AFP/Getty
Images/Newscom; pág. 5: Stan Honda/AFP/
Getty Images/Newscom; pág. 39: Yasuyoshi
Chiba/AFP/Getty Images/Newscom; pág. 7:
Made Nagi/EPA/Newscom; pág. 41 (abajo):
imagebroker/Michael Dietrich/Newscom; págs.
26–27: Tom Van Dyke/MCT/Newscom; págs.
6–7: Thomas Peter/Reuters/Newscom; pág. 30:
Baz Ratner/Reuters/Newscom; págs. 18–19:
Supri/Reuters/Newscom; pág. 24: Newscom;
pág. 4: Eddie Mejia/Splash News/Newscom;
pág. 53: (arriba): wenn.com/Newscom; pág.
56: Zuma Press/Newscom; pág. 41 (arriba):
Zuma Press/Newscom; págs. 23, 40–41: Gary
Hincks/Photo Researchers Inc.; pág. 51: Photo
Researchers Inc.; págs. 16 (abajo), 17 (abajo),
55 (ilustraciones): John Schahill; págs. 16–17,
22 (ilustraciones): Timothy J. Bradley; todas las
demás imágenes de Shutterstock.

Teacher Created Materials

5301 Oceanus Drive
Huntington Beach, CA 92649-1030
http://www.tcmpub.com
ISBN 978-1-4333-7177-6
© 2013 Teacher Created Materials, Inc.

TABLA DE CONTENIDO

Vida en la zona de peligro 4

Peligro desde lo alto 10

Problemas desde
    las profundidades 14

Cuando menos lo esperas 30

Desastres desde dentro 48

Aprender del desastre 56

Glosario 58

Índice 60

Bibliografía 62

Más para explorar 63

Acerca de la autora 64

VIDA EN LA ZONA DE PELIGRO

Cuando sobreviene un desastre, puede ser difícil encontrar alimento. Es posible que las casas se queden sin agua corriente. De hecho, las casas podrían ser destruidas. Quizá no haya ningún lugar para vivir o para dormir y nada que comer. Los desastres pueden dar mucho miedo; sin embargo, la manera en que reúnen a las personas puede ser inolvidable.

Las víctimas del terremoto de Haití de 2010 esperan la llegada de ayuda.

Un voluntario entrega sándwiches a niños que perdieron sus hogares durante el huracán Katrina en 2005.

PARA PENSAR

> ¿Cómo afectan los desastres al mundo?

> ¿Cómo podemos predecir cuándo ocurrirá el próximo desastre?

> ¿Cómo podemos sobrevivir a los desastres en el futuro?

Los desastres naturales pueden sobrevenir en cualquier momento y en cualquier lugar. ¿Cuál es el mejor modo de evitar un desastre? ¡Aprende cuándo sobrevendrá un desastre! Se han hecho progresos para predecirlos. Los científicos siguen la trayectoria de los patrones climáticos. Están atentos a **inminentes** inundaciones y huracanes. Sin embargo, a la hora de predecir terremotos y **erupciones** volcánicas, se hace más difícil. A menudo, estos fenómenos ocurren sin ninguna advertencia.

Los desastres naturales continuarán afectándonos independientemente de lo que hagamos. Pero podemos prepararnos para su llegada. Y cuando ocurra lo peor, podremos trabajar juntos para reconstruir lo perdido.

> "Les ruego que tengan coraje; el alma valiente puede reparar incluso el desastre" -
>
> —Catalina la Grande, emperatriz de Rusia

REGISTRO DE TEMBLORES

Los científicos trazan mapas de los terremotos y sus réplicas, que son los terremotos pequeños que suelen venir después de uno enorme. Eso los ayuda a predecir y reducir los daños durante el siguiente desastre.

Los equipos de rescate se preparan para los desastres haciendo simulacros de rescates.

SISTEMA DE ALERTA GLOBAL

Si un desastre es **inminente**, queremos saber acerca de él. Por ese motivo se creó el Sistema Global de Alerta y Coordinación de Desastres (*GDACS*, por sus siglas en inglés). El *GDACS* sigue la trayectoria del clima y reúne información de todo el mundo. Monitorea terremotos, niveles de agua y velocidades de vientos. Los científicos estudian la información y hacen predicciones. Después, alertan a las personas cuando existe la posibilidad de que se produzca un desastre. Estas alertas ofrecen información actualizada antes y después de ocurrido un desastre.

El *GDACS* monitorea una variedad de desastres. Los símbolos indican qué lugares están en peligro.

 Terremotos

 Volcanes

 Ciclones tropicales

 Inundaciones

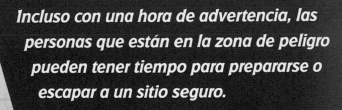

Incluso con una hora de advertencia, las personas que están en la zona de peligro pueden tener tiempo para prepararse o escapar a un sitio seguro.

PELIGRO DESDE LO ALTO

El cielo nocturno alberga a millones de estrellas. En medio de ellas hay rocas y metales que se acercan a la Tierra a toda velocidad bajo la forma de "estrellas fugaces". Algunos de estos **meteoritos** son pequeños y se consumen en nuestra atmósfera. Otros chocan contra la Tierra, formando cráteres. También hay asteroides que vuelan en nuestra dirección. Los científicos observan estas "estrellas que caen". Tratan de predecir dónde caerán la próxima vez para poder evitar daños graves. Los astrónomos también buscan cometas. Estas gigantescas bolas de roca y hielo podrían ser mortales si chocaran contra la Tierra. Sin embargo, el peligro es remoto. Que a alguien le caiga encima un meteoro mortífero es menos probable que ganarse la lotería. Menos probable que recibir un Oscar. ¡O que convertirse en astronauta! Además, los científicos observan el cielo atentamente para ayudarnos a evitar un desastre.

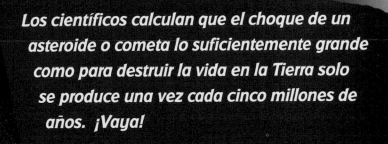

Los científicos calculan que el choque de un asteroide o cometa lo suficientemente grande como para destruir la vida en la Tierra solo se produce una vez cada cinco millones de años. ¡Vaya!

CUIDADO CON LA CABEZA

No se necesita mucho para producir un gran impacto. Incluso un meteorito pequeño puede causar grandes problemas cuando viaja a 25,000 millas por hora. Se han encontrado meteoritos de hasta 60 toneladas. El impacto causado por meteoritos de hace 50,000 años aún puede verse en la actualidad.

Desastre para los dinosaurios

Hace setenta millones de años los dinosaurios dominaban el mundo, pero todo cambió cuando un meteorito gigantesco cayó en la Tierra. El impacto produjo una nube de polvo **masiva**. El polvo oscureció el cielo y tapó el sol durante meses. La vida vegetal pereció sin la luz del sol. Los días en la oscuridad dejaron sin alimento a los dinosaurios herbívoros, y estos no pudieron sobrevivir. Cuando los dinosaurios herbívoros murieron, no quedó alimento para los demás. Poco tiempo después, incluso los dinosaurios carnívoros más grandes murieron. Se extinguieron, aunque las criaturas más pequeñas, como los mamíferos, sobrevivieron. Se convirtieron en los nuevos soberanos de la Tierra. Hoy en día los seres humanos —los mamíferos más inteligentes del mundo— dominan la Tierra.

CRÁTER DE CHICXULUB

En la década de 1970 se descubrió un cráter profundo y ancho en la ciudad de Chicxulub, México. Luego de décadas de investigación, la mayoría de los científicos llegó a la conclusión de que es el punto de choque del meteorito que mató a los dinosaurios.

DE LOS MÁS INDEFENSOS
A LOS MÁS PODEROSOS

Durante la época de los dinosaurios, los únicos mamíferos eran roedores, similares a las ratas. Si los dinosaurios hubieran sobrevivido, es posible que aún estuvieran dominando el mundo natural, y los seres humanos quizá nunca hubiésemos evolucionado.

PROBLEMAS DESDE LAS PROFUNDIDADES

Algunos desastres retumban, sacuden y rompen el suelo que pisamos. Otros despiden lava y rocas líquidas hacia las alturas, producen enormes nubes de ceniza y derriten todo lo que tocan. Los terremotos y los volcanes comienzan bajo tierra, pero los estragos que causan ocurren en la tierra donde vivimos.

Volcanes

Una erupción volcánica potente puede enterrar a una ciudad entera, una erupción masiva tiene el poder de aniquilar a la humanidad. El peligro yace en lo profundo de las capas de la Tierra.

Construimos nuestros hogares en la corteza terrestre, sobre la capa superior. La corteza está hecha de pedazos de diferentes formas y tamaños. Estos trozos grandes de corteza se llaman **placas**. Los volcanes se forman en el espacio donde las placas se juntan, así como un hierbajo sale por una grieta del cemento. La lava caliente, el **magma** y los gases escapan entre estas grietas y forman un volcán. Cuando se junta demasiada presión los volcanes arrojan al aire lava ardiente, gases peligrosos y ceniza caliente. Una erupción causa graves daños a las zonas vecinas. Científicos y gobiernos trabajan para advertir a las personas y prevenir los daños más graves.

Interior de un volcán

cráter

chimenea principal

gas y ceniza volcánica

flujo de lava

chimenea lateral

cámara magmática

capas de
corteza terrestre

manto

MAGMA LÍQUIDO

Los volcanes parecen montañas comunes;
sin embargo, hay actividad en su interior,
cosa que no ocurre con las montañas. Los
volcanes están llenos de magma. Cuando
un volcán hace erupción, despide trozos
de roca y magma. Cuando el magma sale
por la parte superior, se denomina *lava*.

UN LABERINTO DE MAGMA

¡Pronto! Un volcán está haciendo erupción, y hay solo una manera de escapar. Echa un vistazo a los tres tipos de volcanes descritos al pie de la página. Luego identifica los diferentes tipos de volcanes para abrirte paso en el laberinto de magma. ¡Apresúrate! No tienes mucho tiempo antes de que la lava te alcance.

INICIO

Conos de ceniza
Estos volcanes redondos entran en erupción silenciosamente. Despiden trozos pequeños y duros de lava.

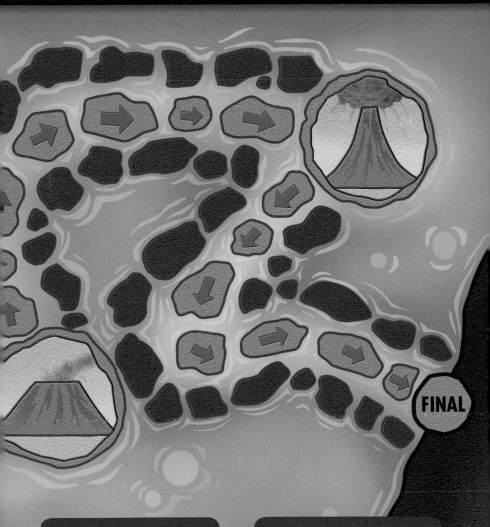

Volcanes compuestos
Estos volcanes son altos y violentos. Despiden ceniza, roca y lava a gran distancia cuando hacen erupción.

Volcanes en escudo
Estos volcanes son anchos y bajos. La lava fluye suavemente desde su cima.

FINAL

Respuesta: 1) escudo 2) ceniza 3) compuesto

Krakatoa

¡Pum! Al igual que muchas islas, Krakatoa se formó de un volcán. Un millón de años más tarde, en 1883, el volcán volvió a entrar en erupción. La estruendosa erupción se oyó a 2,200 millas de distancia. La gente se sorprendió, porque el volcán había estado tranquilo durante más de 200 años. No creyeron que pudiera representar algún peligro. La poderosa explosión formó una nube de ceniza que tapó el sol en una superficie de 180 millas. Los **detritos** cayeron en un perímetro de 300,000 millas cuadradas. El polvo tardó tres años en asentarse. Dos tercios de la isla fue destruida.

ISLAS VOLCÁNICAS

Los volcanes submarinos hacen erupción y producen ríos de lava caliente y abrasadora. La lava endurecida forma nuevas islas. Las islas de Hawái se formaron de esa manera.

Nuevas dimensiones

Estos mapas muestran cómo cambió la isla de Krakatoa después de la erupción. La forma del terreno cambió, y también cambió la profundidad del océano.

Escala 1: 150,000

Profundidades:

| 0 a 160 pies | 160 a 320 pies | 320 pies y más profundo |

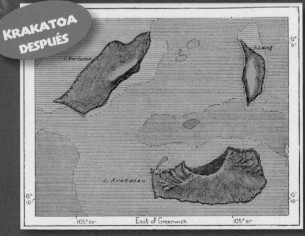

KRAKATOA ANTES

KRAKATOA DESPUÉS

Monte St. Helens

Pueden encontrarse volcanes en los continentes tanto como en las islas. En Estados Unidos está el monte St. Helens, en el estado de Washington. A solo 10 millas al sur de Seattle, aún se encuentra activo. En 1980, un terremoto modificó la presión interior del monte St. Helens. Eso hizo sobresalir el lado norte. Dos meses después, otro terremoto produjo una erupción que se prolongó por nueve horas. Despidió rocas y cenizas al aire y causó aludes de barro. Once estados informaron la presencia de ceniza volcánica. Los detritos de la explosión destruyeron 150 millas de bosques cercanos. Las advertencias tempranas ayudaron a muchas personas a mantenerse a salvo. Ahora los científicos pueden advertir sobre las erupciones con más anticipación.

La fuerza de la explosión del monte St. Helens derribó árboles en un área de 19 millas.

VOLCANES DE ALTO VOLUMEN

El ruido causado por un volcán en erupción puede dañar la audición. Cuando Krakatoa despidió sus columnas de humo, el ruido fue atronador. Se dijo que ensordeció a todas las personas que se encontraban en un radio de 10 millas.

Después

Antes

VISITE EL MONTE ST. HELENS

En la actualidad, el monte St. Helens es un parque nacional. Muchas personas visitan el parque para ver el emplazamiento de un desastre volcánico. A otros les interesa más aprender sobre los volcanes. Quieren saber cómo predecir cuándo harán erupción otros volcanes.

Terremotos

Las erupciones volcánicas son solo un tipo de desastre que ocurre bajo nuestros pies. A veces, las placas de la corteza terrestre se mueven. Las placas pueden empujar, tirar o deslizar unas contra otras. Este movimiento produce cambios en el suelo que habitamos. Cuando las placas empujan y se juntan, crean características **geográficas** como las cordilleras. Cuando se separan, crean espacio para que se formen los volcanes. Pero cada vez que estas placas se mueven, se produce un terremoto.

Los terremotos pueden provocar derrumbes de edificios. Los sismos potentes pueden hacer que un **tsunami** inunde la costa. Sin embargo, con el avance de la tecnología estamos descubriendo modos de prevenir los daños.

TEMBLORES

Los terremotos pueden variar en potencia y duración. En algunos sismos parece que la Tierra se mueve de un lado a otro o de arriba hacia abajo. En otros se siente que el suelo se mueve como olas en el océano.

placas moviéndose hacia arriba y hacia abajo

placas juntándose

placas apartándose

TECTÓNICA DE PLACAS

Después de un terremoto, los científicos hacen un mapa de los movimientos de la Tierra. Consultan las notas que se hicieron sobre terremotos pasados. Estudian las montañas y los valles submarinos. Examinan el fondo del mar. Eso los ayuda a entender dónde se producirá un terremoto en el futuro.

Las líneas grises de este mapa muestran muchas de las principales líneas de falla del mundo, o límites entre las placas de la Tierra. Los puntos rojos muestran los principales sitios de terremotos.

Sismos antiguos

Se cree que el terremoto más mortífero del mundo se produjo en el año 1201. El **epicentro** fue en Siria, pero el sismo también pudo sentirse a muchas millas de distancia. En esa época la gente no diseñaba los edificios pensando en los terremotos, así que este terrible sismo destruyó sus ciudades. Murió más de un millón de personas. La **magnitud** del terremoto fue de 7.6 en la escala de Richter. A lo largo de la historia hubo terremotos más potentes. Pero este sismo se sintió en una superficie grande y las personas no estaban preparadas. Eso provocó un número elevado de víctimas y daños extremos en toda la región. Actualmente podríamos sobrevivir a un terremoto de esa magnitud.

CONSTRUCCIÓN PARA TERREMOTOS

En los lugares donde los terremotos son comunes, como California y Japón, los arquitectos trabajan para aumentar la resistencia de sus edificios. Refuerzan las construcciones con materiales más fuertes. Pueden incluso probar diferentes formas para sus edificios.

La escala de Richter

La escala de Richter mide las ondas de energía creadas durante un terremoto. Gracias a su inventor, Charles Richter, podemos evaluar la fuerza de un terremoto.

Magnitud	Categoría	Efectos	Terremotos por año
1.0–2.9	micro	generalmente las personas no lo perciben	más de 100,000
3.0–3.9	menor	lo perciben muchas personas, es raro que produzca daños	12,000–10,0000
4.0–4.9	ligero	lo perciben muchas personas, provoca la rotura de objetos pequeños	2,000–12,000
5.0–5.9	moderado	algún daño en estructuras débiles	200–2,000
6.0–6.9	fuerte	daño moderado en ciudades y pueblos	20–200
7.0–7.9	mayor	daños graves producidos en grandes superficies, muertes	3–20
8.0 y más	gran	daños graves y muertes en grandes superficies	menos de 3

El gran terremoto

Muy temprano una mañana de 1906, la costa de California tembló. El epicentro del terremoto fue precisamente frente a la costa de San Francisco. Se derrumbaron edificios. Los árboles fueron arrancados de raíz. Los tubos de gas se rompieron y el gas salió al aire. El incendio se extendió rápidamente por toda la ciudad. Duró tres días y tres noches. El terremoto de San Francisco de 1906 casi destruyó la ciudad. Sin embargo, debido a lo ocurrido, los **ingenieros** aprendieron a construir ciudades que pudieran sobrevivir a los terremotos.

Los marineros de barcos distantes a cien millas pudieron ver el humo espeso de los incendios causados por el gran terremoto.

UN SEGUNDO TEMBLOR

¿Puede causar mucho daño un terremoto que dura solamente de 10 a 15 segundos? ¡Por supuesto, si es un terremoto fuerte! En 1989, otro terremoto sacudió a San Francisco. Midió nada menos que 7.1 en la escala de Richter. Se desplomaron carreteras y puentes importantes. Algunas personas quedaron atrapadas en sus autos. Murieron sesenta y tres personas. Si no hubiésemos aprendido del terremoto de 1906, habrían muerto más personas.

Líneas de Falla

Cuando las placas de la corteza terrestre se mueven, se acumula presión. Una línea de falla es donde se tocan los bordes de dos placas diferentes. A veces, las placas se chocan unas contra otras. A veces se mueven en direcciones opuestas. Y a menudo se frotan unas contra otras, creando una gran cantidad de fricción. Las placas pueden resbalar repentinamente. Cualquiera de estos movimientos puede causar terremotos.

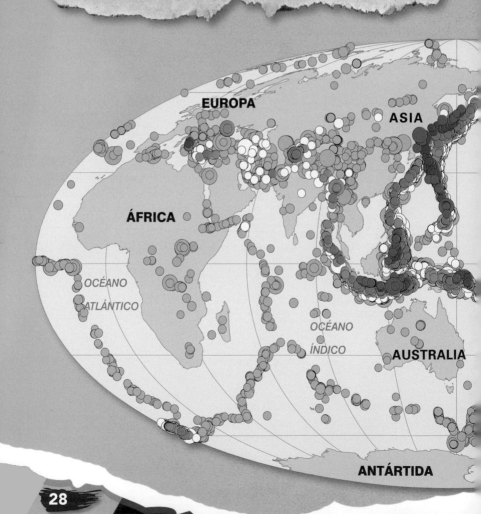

EUROPA

ASIA

ÁFRICA

OCÉANO ATLÁNTICO

OCÉANO ÍNDICO

AUSTRALIA

ANTÁRTIDA

¡ALTO! PIENSA...

- ¿Dónde ocurrió la mayoría de los terremotos en los últimos 25 años?

- ¿Existe relación entre la profundidad de los sismos y su fuerza?

- ¿Existe relación entre el tamaño de los terremotos y su ubicación?

AMÉRICA DEL NORTE

OCÉANO ATLÁNTICO

OCÉANO PACÍFICO

Ecuador

AMÉRICA DEL SUR

Profundidad del terremoto

millas
0
21
43
93
186
311
497

El tamaño del círculo refleja la magnitud del terremoto.

CUANDO MENOS LO ESPERAS

El desastre puede venir de cualquier parte. A veces, las cosas que más necesitamos, como el alimento, el agua y el calor del sol, nos fallan. Aunque los peligros sean inesperados, pueden hallarse nuevos modos de sobrevivir, y en lugares inesperados también.

DESTRUCCIÓN PERDURABLE

Las inundaciones continúan su destrucción aun después de que el agua se retira. El daño producido por el agua es extremadamente destructivo. Cuando un auto o una casa se inunda, casi todo lo que el agua toca debe quitarse o reemplazarse. Si el daño producido por el agua no se soluciona, puede crecer moho y la gente puede enfermarse.

inundación súbita en Israel

Inundaciones

Usamos el agua para beber, limpiar y cocinar. Sin embargo, cuando el agua se hace difícil de controlar, puede destruir todo a su paso. Las inundaciones se producen cuando hay demasiada agua para que el suelo **absorba**. Durante una inundación, los ríos y arroyos pueden desbordarse. El agua puede alcanzar ciudades y pueblos y tapar edificios o puentes. La crecida avanza rápidamente, y puede arrasar con cualquier cosa o persona que esté a su paso.

INUNDACIONES SÚBITAS

Las inundaciones súbitas se producen cuando caen grandes cantidades de lluvia rápidamente y luego la lluvia disminuye. Debido a que la lluvia se acumula con rapidez, los ríos y arroyos pequeños no tienen capacidad para contener toda el agua. Aunque no son tan comunes como las inundaciones, las inundaciones súbitas pueden ser igual de mortíferas si nos toman desprevenidos.

Un verano mortal

En el invierno de 1931 se produjo la peor inundación de la historia moderna en China. Ese año hubo fuertes nevadas. Cuando la nieve **se derritió** en primavera, hubo un **exceso** de agua en los ríos principales. Los ríos Amarillo, Yangtzé y Huai se llenaron antes de que comenzaran las fuertes lluvias del verano. La lluvia fue de dos pies en agosto solamente. En consecuencia, los tres ríos crecieron. Comenzaron a inundarse. La inundación cubrió una superficie masiva. Las enfermedades se propagaron en el ambiente húmedo. Murieron más de cuatro millones de personas por la inundación. En la actualidad, los médicos saben cómo prevenir estos tipos de enfermedades. Se traslada a las víctimas de las inundaciones a zonas limpias y secas.

LUCHA CONSTANTE

Cuando se construyen ciudades cerca de ríos potentes, a menudo debe lucharse contra las inundaciones. Las ciudades de Egipto deben lidiar con el río Nilo. En Estados Unidos, en el río Misisipi se producen inundaciones. En cada lugar, las personas han diseñado formas de predecir y sobrevivir a la inundación.

El río Amarillo debe su nombre al fino polvo amarillo que contiene.

Rescatistas llevan alimentos a las personas atrapadas en sus casas después de una inundación.

CUNA DE CHINA

El río Amarillo no es el más grande de China. Pero para las personas chinas, es el más importante. El pueblo chino cree que el espíritu de su pueblo y de su cultura fluye de este río. Numerosos templos, imperios y personas importantes construyeron sus vidas y costumbres en las márgenes de este río.

el río Amarillo en China

Huracán Katrina

Los ríos no son la única fuente de desastres con agua. En 2005, un huracán azotó la costa sur de Estados Unidos. Los huracanes se originan en el océano, con fuertes vientos y lluvias cegadoras. Después, las **marejadas** azotan la costa. El huracán genera estas potentes olas.

Cuando el huracán Katrina inundó el sur, la lluvia y los vientos causaron daños mayores. Las casas fueron arrancadas de sus cimientos y los lagos se desbordaron de agua, pero lo que más daño causó fue la inundación producida por la marejada. Muchas ciudades a lo largo de la costa quedaron completamente bajo el agua. Se piensa que los daños causados por Katrina costaron más de $80,000 millones de dólares.

TORMENTA DE FANTASMAS

Días antes de Halloween en octubre de 2012, el huracán Sandy chocó con otro frente de tormenta antes de llegar al área de Nueva York y Nueva Jersey. Los **meteorólogos** la bautizaron *Supertormenta Sandy* y advirtieron a todo el mundo que se encontrara a su paso que **evacuara** su vivienda y estuviera preparado para lo peor. Dado que las advertencias permitieron tomar precauciones, las escuelas, los aeropuertos y las estaciones de trenes se cerraron. La gente pudo trasladarse a áreas más seguras, donde almacenaron provisiones y esperaron hasta que fuera seguro regresar a sus hogares.

Los trabajadores municipales a menudo deben ver las áreas inundadas desde helicópteros para evaluar el alcance de los daños.

¿EN QUÉ CATEGORÍA?

Los meteorólogos usan categorías estándar para que los científicos y funcionarios del gobierno sepan qué nivel de peligro se espera que tenga cada huracán. Este gráfico muestra el daño que pueden causar la altura de las olas, la fuerza de los vientos y las condiciones de presión baja.

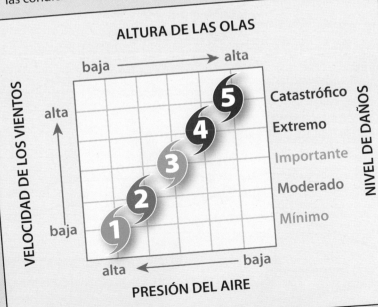

ALTURA DE LAS OLAS

baja ⟶ alta

VELOCIDAD DE LOS VIENTOS

alta

baja

NIVEL DE DAÑOS

5 — Catastrófico
4 — Extremo
3 — Importante
2 — Moderado
1 — Mínimo

alta ⟵ baja

PRESIÓN DEL AIRE

¡Tsunami!

A veces, un terremoto o una erupción volcánica no es el final de la historia. Cualquiera de los dos puede desencadenar un tsunami. Cuando la Tierra tiembla, el océano también se ve afectado. Enormes **maremotos** arrasan la tierra. Este oleaje puede causar el mismo daño que una inundación. Los tsunamis están entre los peores desastres. El volcán o el terremoto ya perjudica bastante a la Tierra, y luego la inundan las aguas del tsunami.

CÓMO SE FORMA UN *TSUNAMI*

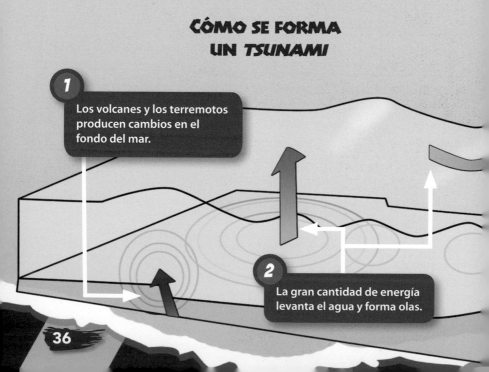

1 Los volcanes y los terremotos producen cambios en el fondo del mar.

2 La gran cantidad de energía levanta el agua y forma olas.

¿TSUNAMI SÍ O NO?

Los tsunamis son difíciles de predecir. A veces se produce un terremoto en el océano y las enormes olas del tsunami arrasan las áreas costeras cercanas. Sin embargo, un terremoto similar podría no producir casi ningún cambio en las olas del océano.

4 El avance de las olas se hace más lento por la subida del fondo marino. La longitud de las olas disminuye mientras que su altura aumenta.

5 Enormes olas azotan la costa. Las consecuencias pueden ser mortales.

3 Las olas avanzan cada vez a más distancia mientras la energía se acumula.

Tsunami japonés

El 11 de marzo de 2011 marcó uno de los peores desastres naturales para Japón. Ese día sufrió tanto un terremoto como un tsunami. Fue el terremoto más potente que Japón haya sufrido jamás. Fue un sismo de una magnitud de 9.0. Al cabo de una hora, olas de más de 10 pies de altura comenzaron a azotar las costas. Las olas castigaron la costa durante días. Destruyeron edificios, puentes y casas. Las olas más potentes fueron de más de 33 pies de altura. El sistema de alerta de tsunamis de Japón salvó muchas vidas. Muchas personas pudieron escapar y ponerse a salvo.

LLUVIA NUCLEAR

La planta **nuclear** de Fukushima sufrió muchos daños debido a los desastres. Una **radiación** dañina se filtró al aire y al agua. La gente de la planta debió ser evacuada. Abandonaron sus hogares por razones de seguridad.

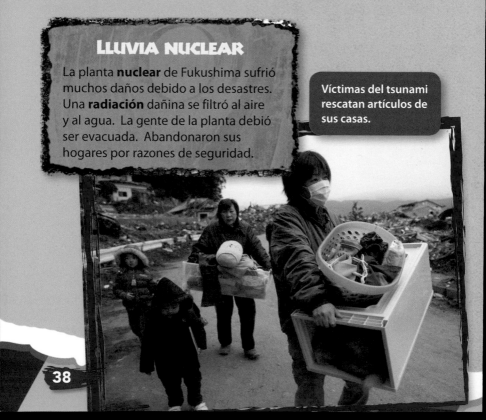

Víctimas del tsunami rescatan artículos de sus casas.

Los tsunamis pueden mover objetos grandes hasta distancias increíbles.

IMPACTOS PERDURABLES

Durante los días posteriores al desastre, fue un desafío conseguir ayuda para la gente. Muchas personas en Japón no tenían forma de comunicarse con sus seres queridos. Tampoco podían encontrar sus pertenencias. El agua cubría las ciudades y las áreas costeras. Los edificios ya no estaban en pie. Muchas personas tenían miedo de volver a sus hogares. Temían que viniera otro terremoto.

ANILLO DE FUEGO

El Anillo de Fuego es un lugar de la corteza terrestre donde se juntan muchas placas. Alrededor del 90% de los terremotos del mundo ocurren allí. El 75% de los volcanes del mundo nacen allí. Además es donde han sucedido muchos de los tsunamis más recientes.

Indonesia
Indonesia tiene más volcanes activos que cualquier otro país del mundo. Eso se debe a que la isla se apoya sobre cuatro placas diferentes. En 2004 sufrió uno de los peores tsunamis de la historia.

terremotos

volcanes

América del Norte
La placa de Juan de Fuca y la
placa del Pacífico chocan entre
sí. Este movimiento formó la
cordillera de las Cascadas. Y
es la razón por la que el monte
St. Helens hizo erupción en 1980.

América del Sur
La placa de Nazca y la placa
Sudamericana chocan entre
sí. Este lento proceso formó la
cordillera de los Andes. También
creó los volcanes Cotopaxi y Azul.

Hambruna y sequía

Pueden ocurrir cosas terribles cuando hay exceso de agua, pero no tener agua suficiente puede ser igualmente mortal. Las sequías son épocas excesivamente secas, que pueden dejar cicatrices en la tierra y en la gente durante décadas. Cuando no hay suficientes lluvias, el suelo se reseca. Sin agua, el suelo no puede mantener a las plantas sanas y vivas. Las condiciones secas pueden llevar a la **hambruna**. Las sequías y la hambruna a menudo sobrevienen juntas, pero también pueden ocurrir en forma individual. Sin embargo, la hambruna es un desastre que puede evitarse. Y cuando trabajamos juntos, no es necesario que nadie se quede sin alimento.

MEDIDAS DE AHORRO DE AGUA

Usamos demasiada cantidad de agua para ducharnos, regar jardines y lavar autos; por eso, la escasez de agua es más común ahora que en el pasado. Hay muchas maneras de ayudar a reducir el uso de agua durante las épocas de sequía. Estas son algunas.

- ➡ Toma duchas más cortas
- ➡ Espera a que la lavadora y el lavaplatos estén llenos antes de ponerlos a andar.
- ➡ Cierra la pila cuando te cepilles los dientes.

HAMBRUNAS

Un terremoto o una inundación puede ocurrir en un abrir y cerrar de ojos. Pero una hambruna se produce con el tiempo. La hambruna causa inanición. Cuando las cosechas no crecen y la gente no se alimenta lo suficiente, debe pasar algún tiempo antes de que una persona pase hambre y se muera. Eso hace que las consecuencias de las hambrunas sean evitables. Puede enviarse ayuda antes de que la situación empeore demasiado.

Los granos simples, como el arroz, pueden usarse para alimentar a quienes luchan por sobrevivir.

La Gran hambruna

A principios del siglo XIX, la gente en Irlanda alimentaba a sus familias con papas. Casi la mitad del país se alimentaba de papas. Sin embargo, a mediados del siglo XIX, una enfermedad afectó a las plantas de papa. Las cosechas fracasaron y comenzó una gran hambruna. La gente no tenía qué comer. Los agricultores no tenían modo de ganar dinero. Murió más de un millón de personas. Otro millón de personas partió de Irlanda para arraigarse en otros lugares donde hubiera más alimento. Muchos se trasladaron a Estados Unidos para iniciar una nueva vida.

CAMBIO EN IRLANDA

Como consecuencia de la Gran hambruna, muchas cosas cambiaron en Irlanda. La gente estaba enojada porque el gobierno no había hecho más por ayudar a quienes se morían de hambre. Cambiaron las leyes para ayudar a los pobres y hambrientos.

Llegada a Estados Unidos

La Gran hambruna dio inicio a una intensa ola de **inmigración** a Estados Unidos. Comenzó a mediados del siglo XIX y duró hasta principios del siglo XX. Hacia 1921, Irlanda había perdido casi la mitad de su población.

Ola de calor

Las sequías pueden destruir el sistema de suministro de alimentos y hacer la vida muy difícil, pero las olas de calor pueden causar el mismo daño. En 2003, una espantosa ola de de calor azotó Europa. La temperatura fue más cálida de lo que había sido en 500 años. Murieron casi 30,000 personas. No supieron cómo enfrentar el calor. Debido a que sus cuerpos estaban más débiles y sensibles, los **ancianos** fueron los más afectados. Los centros de refrigeración y las piscinas locales ayudaron a la gente a sobrevivir.

DESHIDRATACIÓN

Una de las principales razones por las que la gente muere durante las olas de calor es la deshidratación. Esta se produce cuando el cuerpo no recibe suficiente agua. Durante una ola de calor, el cuerpo transpira para refrescarse. Pero la transpiración hace que el cuerpo pierda agua. Beber mucha agua puede prevenir la deshidratación.

VERANO EUROPEO

Los veranos en la mayoría de los países europeos son templados. Las casas y los edificios suelen ser antiguos y no tienen un buen aislamiento. Y como incluso en los meses calurosos del verano las noches son frescas, muchas casas y edificios no tienen aire acondicionado. Sin aire acondicionado, el calor extremo puede ser difícil de soportar.

DESASTRES DESDE DENTRO

A veces, un desastre no viene desde lo alto ni desde las profundidades. A veces, el desastre proviene desde nuestro interior. Las enfermedades pueden acabar con plantas, animales y personas. Las enfermedades se propagan de muchas maneras. Una **epidemia** se produce cuando una enfermedad se propaga a través de una superficie amplia. Pero a veces, las enfermedades se extienden a todo el mundo. Esto se denomina **pandemia**. Por su parte, los científicos continúan descubriendo nuevos modos de tratar estas amenazas. Y la gente encuentra nuevas formas de prosperar.

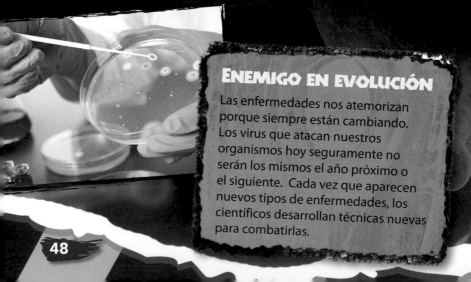

ENEMIGO EN EVOLUCIÓN

Las enfermedades nos atemorizan porque siempre están cambiando. Los virus que atacan nuestros organismos hoy seguramente no serán los mismos el año próximo o el siguiente. Cada vez que aparecen nuevos tipos de enfermedades, los científicos desarrollan técnicas nuevas para combatirlas.

¿DEMASIADA AYUDA?

Algunos científicos piensan que usamos los antibióticos en exceso. Estos medicamentos nos ayudan cuando tenemos infecciones. Pero las enfermedades cambian. Así que se hace más difícil tratarlas con el mismo medicamento.

La peste negra

En el siglo XIV, Europa fue atacada por una enfermedad inolvidable. La peste negra se propagó por la Tierra, causando terribles llagas en la piel, calambres, fiebre y debilidad.

La enfermedad comenzó en ratas y ratones. Estos roedores tenían pulgas. Con una mordedura, las pulgas infectaban a los seres humanos. Murieron más de 25 millones de personas. Se cavaron fosas comunes para enterrar a cientos, y a veces a miles, de cuerpos.

RING AROUND THE ROSIE

Hay quienes creen que la canción inglesa *Ring Around the Rosie* se remonta a la época de la peste negra. En la época de la peste, la gente ponía rosas y ramilletes en los bolsillos y las bocas de los muertos para tapar el olor de los cadáveres.

PREVENCIÓN DE LA PESTE

La gente llamaba peste negra a la peste bubónica en el siglo XIV. En la actualidad, prácticamente no existe. Si por casualidad alguien la contrajera, los médicos saben cómo tratarla. Incluso pueden dar a las personas cercanas a la persona infectada una **vacuna** para asegurarse de que la enfermedad no se propague.

En el siglo XIV, los médicos usaban largas batas y máscaras con forma de pico cuando visitaban a los pacientes infectados de peste.

Una gripe de temer

La pandemia no es cosa del pasado. El siglo XX fue escenario de una de las peores pandemias de la historia. Entre los años 1918 y 1920, más de 500 millones de personas de todo el mundo se enfermaron de gripe. La pandemia gripal comenzó en la primavera de 1918. Los soldados que viajaban entre Estados Unidos y Europa durante la Primera Guerra Mundial propagaron la enfermedad. El virus de la gripe se modificó y atacó en tres cepas. La segunda y tercera cepas fueron más mortales que la primera. Hacia fines de 1919, el virus había matado entre 20 y 40 millones de personas en todo el mundo. En la actualidad, las vacunas pueden evitar que la gente se contagie la gripe. La vacuna contra la gripe de la actualidad y la medicina moderna pueden tratar muchas enfermedades en forma rápida, fácil y segura.

GÉRMENES TRANSMITIDOS POR EL AIRE

Antes de que el viaje aéreo fuera común, la mayor parte de las enfermedades se contenían en los océanos. En la actualidad, la gente viaja por el mundo en un solo día. Los aviones pueden transportar enfermedades rápidamente de un lugar a otro. Eso hace que estalle más fácilmente una pandemia.

Durante los brotes de gripe, muchos edificios grandes, como las estaciones de trenes o las escuelas, pueden utilizarse para albergar a los pacientes cuando los hospitales no dan abasto.

PROTECCIÓN

Durante la pandemia de gripe, la gente usaba mascarillas de gasa blanca cuando estaba en público. Eso ayudaba a impedir que el virus penetrara en la boca o la nariz y prevenía infecciones.

PANDEMIAS DE LA ÉPOCA ACTUAL

Oficialmente conocido como *H1N1*, este virus también se denomina *gripe porcina* o *gripe del cerdo* porque parece haberse propagado de los cerdos a los seres humanos. La cepa de la gripe tiene muchos nombres, pero todos la describen como una pandemia que afectó al mundo en 2009. En un solo año murieron más de 500,000 personas en el mundo. Más de 213 países informaron casos de gripe porcina. Los médicos descubrieron maneras de tratarla estudiando su propagación.

MUERTES POR H1N1 EN 2009

los países, los territorios y las áreas con casos confirmados en el laboratorio, así como el número de muertes, son informados a la Organización Mundial de la Salud

Casos informados

- 1-10
- 11-50
- 51-500
- 501 y más
- País/territorio/área con casos confirmados

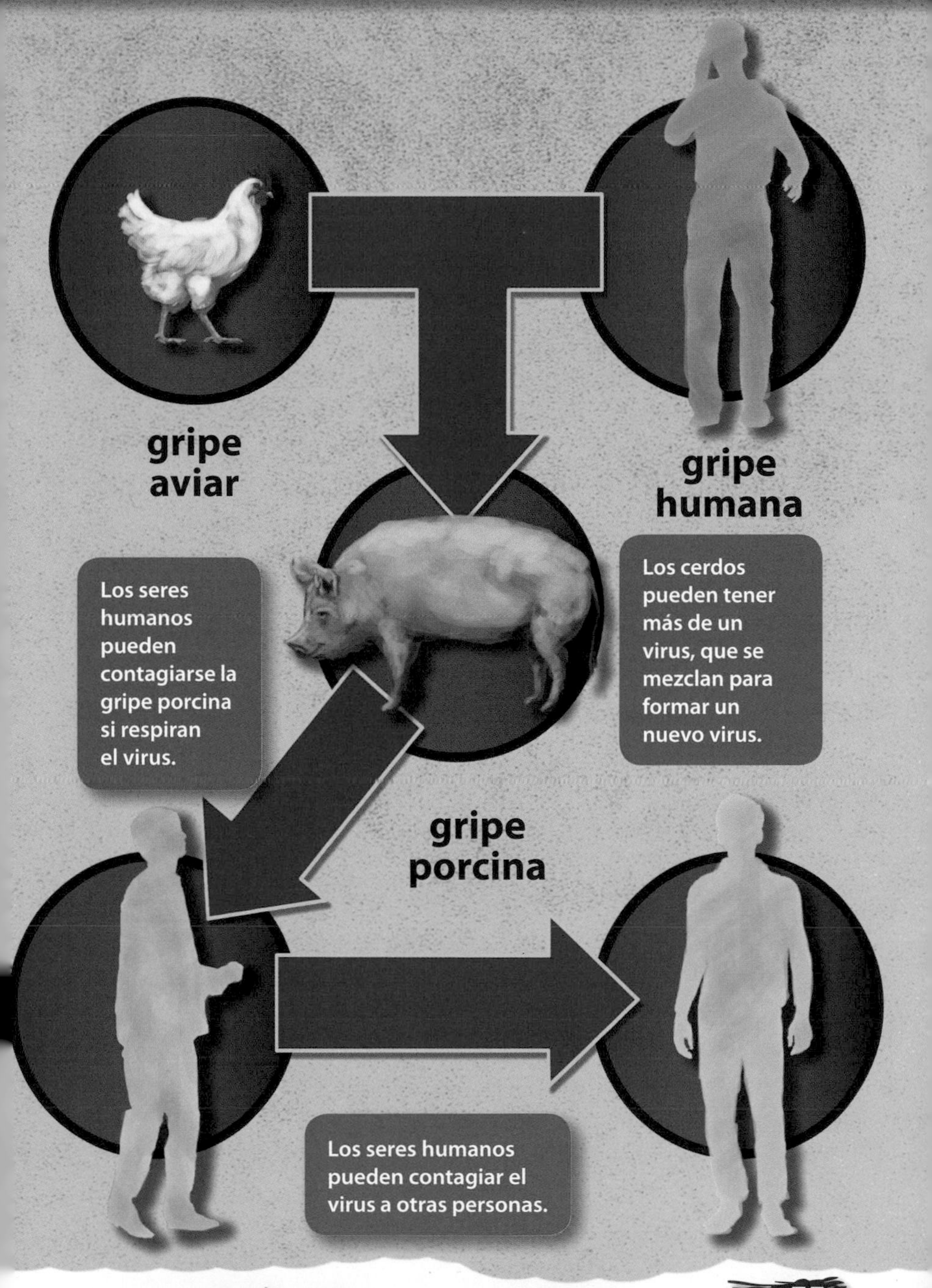

gripe
aviar

gripe
humana

Los seres
humanos
pueden
contagiarse la
gripe porcina
si respiran
el virus.

Los cerdos
pueden tener
más de un
virus, que se
mezclan para
formar un
nuevo virus.

gripe
porcina

Los seres humanos
pueden contagiar el
virus a otras personas.

APRENDER DEL DESASTRE

La naturaleza puede ser tan mortífera como hermosa. Los terremotos, los tsunamis y los incendios son solo algunas de las fuerzas naturales que han cobrado vidas. Estos desastres nos acechan; sin embargo, es frente a un desastre que aprendemos la fortaleza que realmente tenemos. Los expertos de todo el mundo están estudiando cómo predecir los desastres y encontrar nuevas formas de rescatar a quienes están en problemas. Sea cual sea el desastre, superaremos juntos la tormenta.

Los científicos pueden aprender más sobre cómo predecir el siguiente desastre.

Pueden desarrollarse
nuevos medicamentos.

Pueden construirse
puentes más sólidos.

GLOSARIO

absorba: chupe, embeba

ancianos: personas mayores después de la mediana edad

detritos: trozos que quedan de algo que se destruyó

epicentro: lugar donde un terremoto es más fuerte

epidemia: propagación de una enfermedad a través de una superficie amplia

erupciones: explosiones violentas y repentinas

evacuara: quitarse de un lugar de peligro

exceso: relacionado con demasiada cantidad

geográficas: que tienen que ver con las características naturales del mundo

hambruna: falta de alimento que lleva a la inanición

ingenieros: personas que usan las matemáticas y las ciencias para construir cosas

inmigración: llegada a un país de alguien que no es nativo

inminente: que es probable que ocurra en cualquier momento

magma: líquido ardiente en el interior de un volcán antes de que este haga erupción

magnitud: medida de la fuerza de un terremoto

marejadas: elevaciones de los niveles de agua causadas
   por una tormenta
maremotos: olas poderosas y destructivas que son
   mucho más grandes de lo normal
masiva: enorme en tamaño, poder o fuerza
meteoritos: objetos que se mueven a través del espacio
   a gran velocidad
meteorólogos: personas que estudian el clima
nuclear: relativo a la energía que se genera cuando los
   átomos se parten
pandemia: propagación de una enfermedad alrededor
   del mundo
placas: enormes segmentos movibles en que se divide
   la corteza terrestre
radiación: proceso en el cual las olas o partículas de
   energía se descomponen
se derritió: se fundió
tsunami: enorme ola de agua creada por un terremoto
vacuna: sustancia que se proporciona a las
   personas o los animales para protegerlos de
   enfermedades específicas

ÍNDICE

África, 28

América del Norte, 29, 41

América del Sur, 29, 41

Anillo de Fuego, 40

Antártida, 28

Asia, 28

Australia, 28

Azul, 41

California, 24, 26

Catalina la Grande, 6

China, 32–33

clima, 6, 8

conos de ceniza, 16–17

cordillera de las Cascadas, 41

cordillera de los Andes, 41

Cotopaxi, 41

cráter de Chicxulub, 12

deshidratación, 46

dinosaurios, 12–13

Egipto, 32

epicentro, 24, 26

epidemia, 48

erupciones, 6, 14, 18, 20, 22, 36

escala de Richter, 24–25, 27

Estados Unidos, 20, 32, 34, 44–45, 52

Europa, 28, 46–47, 50, 52

Gran hambruna, 44–45

gripe, 52–55

gripe aviar, 55

gripe del cerdo, 54

gripe porcina, 54–55

H1N1, 54

hambruna, 42–45

huracán, 5–6, 34–35

huracán Katrina, 5, 34

huracán Sandy, 34

Indonesia, 40

inundación, 6, 9, 22, 30–36, 43

Irlanda, 44–45

islas de Hawái, 18

Israel, 30

Japón, 24, 38–39

Juan de Fuca, 41

Krakatoa, 18–19, 21

lava, 14–18

magma, 14–15

mamíferos, 12–13

meteoritos, 10–12

meteorólogos, 34–35

México, 12
Monte St. Helens, 20–21
Nilo, 32
océano Atlántico, 28
océano Índico, 28
océano Pacífico, 29
ola de calor, 46
pandemia, 48, 52–54
peste negra, 50–51
placa de Nazca, 41
placa del Pacífico, 41
planta nuclear de
   Fukushima, 38
Primera Guerra
   Mundial, 52
radiación, 38
Richter, Charles, 25
Ring Around the Rosie, 50
río Amarillo, 32–33
río Huai, 32
río Misisipi, 32
río Yangtze, 32
San Francisco, 26–27
Seattle, 20
Siria, 24

Sistema Global de Alerta
   y Coordinación de
   Desastres,
   (GDACS), 8–9
Supertormenta Sandy, 34
tectónica de placas, 23
terremoto, 4, 6, 8–9, 14,
   20, 22–29, 36–40, 43,
   56
terremoto de Haití, 4
Tierra, 10–12, 14, 22–23,
   28, 36, 40
tsunami, 22, 36–40, 56
volcán, 9, 14–18, 20–22,
   36, 40–41
volcanes compuestos, 17
volcanes en escudo, 17
Washington, 20

BIBLIOGRAFÍA

Cunningham, Kevin. *Pandemics (True Books)*. **Children's Press, 2011.**

Lee historias terriblemente reales sobre enfermedades y desastres y cómo la gente se recuperaba de estas pandemias inolvidables.

Grace, Catherine O'Neill. *Forces of Nature: The Awesome Power of Volcanoes, Earthquakes, and Tornadoes.* **National Geographic Children's Books, 2004.**

Aprende qué poderosa es realmente la madre naturaleza. Entrarás en contacto y te familiarizarás con estos desastres naturales a través de espectaculares imágenes, diagramas detallados y páginas repletas de información.

Tarshis, Lauren. *I Survived Hurricane Katrina, 2005.* **Scholastic Paperbacks, 2011.**

Esta historia sobre un niño, su perro y una terrible tormenta dan vida al huracán Katrina. Averigua cómo sobrevive Barry después de ser arrastrado por la crecida y separado de su familia. Al final de este libro hay una sección de preguntas y respuestas sobre esta espantosa tormenta.

Watts, Claire. *Natural Disasters (Eyewitness Books)*. **DK Children, 2006.**

Desde tsunamis hasta avalanchas, este libro cubre una gran variedad de desastres naturales. Encontrarás incluso una conversación sobre desastres que podría tener lugar en el futuro. Este libro combina a la perfección los aspectos fascinantes y atemorizadores de los desastres naturales.

MÁS PARA EXPLORAR

Volcano Hazards Program
http://volcanoes.usgs.gov

¡Este sitio hace erupción de tanta información sobre volcanes! Hay un mapa de los principales volcanes de Estados Unidos, un glosario de fotos, cámaras web, imágenes y películas de volcanes, todos del Servicio Geológico de Estados Unidos *(United States Geological Survey)*.

Weather Wiz Kids
http://www.weatherwizkids.com

Visita este sitio para aprender datos sobre el clima y los desastres naturales, qué los causan y cómo estar seguro durante y después de estos eventos sorprendentes.

The Great Plague
http://history.parkfieldict.co.uk/stuarts/the-great-plague

La peste mató a casi un tercio de los europeos durante la Edad Media. Descubre qué espantosa fue esta enfermedad y las maneras alocadas con que la gente trataba de curarse.

Be Prepared in Every Situation
http://www.ready.gov/kids

Prepárate para casi cualquier tipo de desastre con la información que encontrarás en este sitio. Descubrirás información sobre desastres, cómo hacer un plan, qué necesitas para hacer un kit de preparación, además de juegos y actividades.

ACERCA DE LA AUTORA

Tamara Leigh Hollingsworth nació y se crió en Cupertino, California. Asistió a la Universidad de Hollins, una universidad exclusiva para mujeres en Roanoke, Virginia, donde obtuvo un título en Inglés. Mientras estaba en la universidad viajó por Europa, donde visitó un monumento conmemorativo de la Gran hambruna. Durante la mayor parte de su vida desde entonces, ha sido maestra de escuela preparatoria en Inglés. Actualmente reside en Atlanta, Georgia. Cuando no trabaja con sus queridos alumnos, a Tamara le encanta compartir tiempo con su esposo, su hija, sus libros y su iPod.